PÉTITION

A MESSIEURS

LES MEMBRES DE LA CHAMBRE DES DÉPUTÉS

sur la

RÉFORME ÉLECTORALE

ET PARLEMENTAIRE,

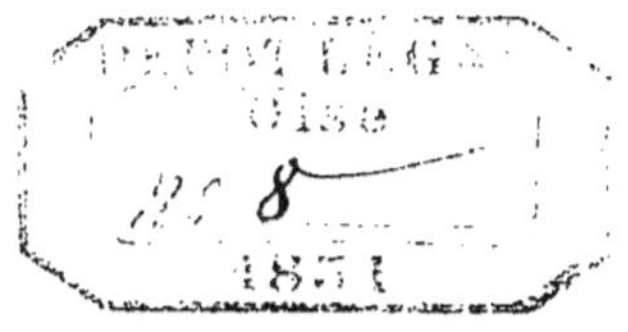

Par M. Aimé-Berthe Pommery,

Maire de la commune de Cus, près Noyon (Oise).

Omnes libertati naturâ student.

(PLAUTE.)

NOYON.

IMPRIMERIE ET LIBRAIRIE DE COTTU-HARLAY,

RUE DU NORD, 6.

1851

Omnes libertati naturâ student.

(PLAUTE.)

Messieurs,

Les hommes qui réfléchissent et qui savent apprécier les changements si nombreux, si importants, qui se sont opérés depuis quelques années dans notre condition sociale, reconnaissent la nécessité de modifier les institutions politiques qui nous régissent aujourd'hui; mais lorsque le débat s'engage sur la nature de ces modifications, c'est alors qu'on voit se compliquer cette question si grave, et qu'il devient très-difficile de se mettre d'accord. Peut-être, cependant, serait-il facile de s'entendre si on voulait examiner, avec la bonne foi et le désintéressement que dicte le véritable patriotisme, quelle est la forme de gouvernement qui, en France, pourrait le mieux s'adapter à l'état physique et moral de la population actuelle.

C'est sur cet examen que j'appelle vos méditations, Messieurs. Que nul ne vienne m'accuser, et prétendre que je cherche à jeter le trouble et l'agitation dans les esprits. En effet, demander qu'on satisfasse toutes les prétentions devenues légitimes, qu'on étende la liberté, ce bien si précieux pour tous ; qu'on consolide nos institutions, et qu'on fasse reposer l'édifice social sur une base désormais inébranlable, n'est-ce pas vouloir, au contraire, qu'on nous procure le calme et la sécurité, sans lesquels nos intérêts les plus chers pourraient être à chaque instant compromis? Si, dans les observations que j'ose me permettre de vous soumettre, vous avez des erreurs à me reprocher, j'espère que vous rendrez au moins justice à la pureté de mes intentions.

On ne connaissait jadis que trois espèces de gouvernement: le gouvernement monarchique, le gouvernement aristocratique et le gouvernement démocratique. Mais l'expérience a prouvé, et l'histoire de tous les temps et de tous les pays le démontre suffisamment, que, sous l'une ou l'autre de ces trois espèces de gouvernement, il y avait toujours oppression d'une partie plus ou moins considérable des membres de la même société. Dans le gouvernement monarchique, oppression de tous par un seul : dans le gouvernement aristocratique, du plus grand nombre par le plus petit : dans le gouvernement démocratique, de la minorité par la majorité. C'est aux efforts que faisaient, ou pour dominer ou pour se soustraire à l'oppression, les différentes classes dont se composera toujours une société, que nous devons attribuer ces guerres intestines qui désolèrent si souvent les monarchies, les aristocraties et les démocraties de l'antiquité et du moyen âge, et qui ont amené et amèneront les révolutions faites et à faire dans les états modernes (1).

---

(1) A Athènes, où domina la plus populaire des démocraties, les meilleurs citoyens, Miltiade, Thémistocle, Aristide, Socrate, Phocion, furent incarcérés, punis ou condamnés à mort. Rome, fatiguée par des dissensions sans cesse renaissantes entre les patriciens et les plébéiens, épuisée par les proscriptions de Marius et

Mais oppresseurs et opprimés ont enfin compris qu'ils parviendraient à s'affranchir des persécutions auxquelles ils étaient alternativement exposés s'ils consentaient à une transaction, à un partage de l'autorité; et c'est alors qu'a été fondé le gouvernement mixte, c'est-à-dire, le gouvernement dans lequel les éléments monarchique, aristocratique et démocratique s'observent, se surveillent, se combinent pourtant et s'harmonisent, malgré les dissidences fréquentes qui doivent nécessairement s'élever entre trois pouvoirs avides d'étendre mutuellement leurs prérogatives. C'est à cette forme de gouvernement que Montesquieu faisait allusion lorsqu'il disait dans son *Esprit des Lois* : « Pour qu'on ne puisse « abuser du pouvoir, il faut que, par la disposition des cho- « ses, le pouvoir arrête le pouvoir. » Le gouvernement mixte est donc de tous les gouvernements celui qui doit offrir le plus de garanties, assurer la liberté la plus générale et la plus étendue lorsqu'il est sagement combiné et fidèlement exécuté.

C'est cette même forme de gouvernement qui existe depuis longtemps en Angleterre, et qu'on a essayé, en 1814, d'introduire en France. En Angleterre, Messieurs, l'aristocratie est forte et puissante : elle possède d'immenses richesses territoriales, elle jouit d'une noble popularité qu'elle doit à un séjour habituel au milieu des habitants des campagnes, témoins de sacrifices énormes consacrés aux progrès de toutes les industries ; mais elle la doit surtout, cette noble popularité, à d'anciens et éminents services rendus à la cause

---

de Sylla et deux guerres civiles, succomba enfin sous le despotisme militaire des Césars. La Hollande, après des luttes sanglantes entre les partis qui la déchiraient, se soumit au prince d'Orange. A Venise, à Florence, que de prisons d'état, d'exils et de confiscations! En Angleterre, que de sang répandu, que de trônes renversés, jusqu'à la révolution de 1688, époque à laquelle ses institutions se consolidèrent! En France...... ici je gémis et je m'arrête, car je ne finirais pas si je voulais invoquer tous les faits historiques qui prouvent que la monarchie, l'aristocratie et la démocratie pures sont également contraires à l'existence de la liberté et de la tranquillité des peuples.

de la liberté. Aussi a-t-on pu sans danger donner en Angleterre une grande extension à l'élément populaire, même à une
époque où la civilisation y était encore peu avancée. C'est
toujours entre l'aristocratie et la démocratie que la lutte s'y
montre permanente et incessante, et la couronne n'y exerce
en général qu'une influence purement pondératrice. Si l'aristocratie parvient à la direction des affaires, et qu'elle menace
d'envahir l'autorité, la couronne prête alors son appui à la
démocratie, et les éléments monarchique et démocratique réunis contraignent l'élément aristocratique à rentrer dans les
limites que la loi lui impose.

Si la démocratie, devenue victorieuse, prend à son tour
une attitude trop menaçante, le trône se reporte alors vers
l'aristocratie, et l'élément démocratique, naguère triomphant,
se trouve à son tour retenu et comprimé par les éléments
monarchique et aristocratique coalisés contre ses prétentions. C'est ainsi, Messieurs, que par ces oscillations alter-
natives deux éléments antipathiques par leur nature, arrêtés et
contenus par leurs propres excès, sont cependant forcés de se
réunir et de marcher ensemble, et que la liberté, toujours
attaquée et toujours défendue, se maintient par la pondération des pouvoirs.

Tous ceux qui en France aiment sincèrement la liberté,
et qui la désirent pour les autres comme ils la réclament pour
eux, regrettent amèrement que les changements survenus
dans l'organisation de la Pairie depuis la révolution de juillet
lui aient fait perdre l'influence que, comme élément aristocratique, elle devrait exercer dans notre combinaison politique (1). Telle qu'elle est aujourd'hui constituée, la Chambre

---

(1) Si l'on m'objectait que la Pairie ne peut être, comme élément
aristocratique, la représentation d'un principe dans notre combinaison politique, puisqu'il n'y a plus d'aristocratie en France, je
répondrais qu'on y a détruit effectivement, et avec raison, l'aristocratie de priviléges, l'aristocratie de titres, l'aristocratie de faveur
et de bon plaisir, mais que dans tous les pays civilisés il existe une
aristocratie plus réelle et plus positive qui se compose des riches
propriétaires, des capitalistes, des principaux commerçants et ma-

des Pairs, qui se distingue d'ailleurs par un si grand nombre d'hommes recommandables par tous les genres de mérite, émane du pouvoir, et elle est dès lors viciée dans son principe. Elle est en outre dépourvue de l'indépendance positive qu'assure l'hérédité. Trop faible pour qu'elle puisse prétendre à se rendre entreprenante, son action se bornerait à intervenir comme puissance pondératrice dans le cas où une lutte sérieuse viendrait un jour à s'engager entre la Couronne et la Chambre élective; mais on doit présumer que l'élément aristocratique ne pèserait pas suffisamment dans la balance pour pouvoir protéger efficacement celui des deux éléments monarchique ou démocratique qui serait attaqué dans ses prérogatives. Si, dans cette lutte, l'élément monarchique l'emportait sur l'élément démocratique, nous dégénérerions alors en monarchie absolue ; si l'élément démocratique, au contraire, dominait l'élément monarchique, vous pourriez alors, Messieurs, vous emparer d'une dictature à laquelle il serait impossible de résister, et, comme la Convention de glorieuse, mais douloureuse et sanglante mémoire, vous assurer une omnipotence sans limite et san frein. Dans l'une ou l'autre de ces hypothèses, la liberté, qui, comme nous l'avons vu, ne peut se conserver et rester intacte que par l'équilibre et l'harmonie des pouvoirs, serait dès lors suspendue et bientôt détruite (1).

Que résulte-t-il encore, Messieurs, de cette faiblesse de l'élément aristocratique? Que tous les pouvoirs sont déplacés et confondus : que vous, Députés, qui devriez représenter la

---

nufacturiers, des membres des académies et des corps savants, des hauts fonctionnaires, des artistes célèbres, et de tous ceux qui, occupant une position élevée, seraient, dans une démocratie pure et sans contre-poids, exposés à des injustices et à des persécutions provoquées par la haine et par la jalousie.

Qui peut tout ce qu'il veut, veut plus que ce qu'il doit.....

(1) Quand le pouvoir intermédiaire qui sépare le peuple et le roi est totalement renversé, un despotisme accablant doit régner.

(Hume, *Essai sur le Crédit public.*)

démocratie, vous êtes cependant élus par des électeurs payant au moins deux cents francs de contributions ; que l'on n'ose abaisser le cens électoral, dans la crainte de donner trop d'influence à l'élément démocratique, et que nous avons, déplorable anomalie, une Chambre de Pairs sans aristocratie, et une Chambre de Députés sans démocratie.

Mais les faits attestent encore, Messieurs, qu'une assemblée législative qui, par la nature de son origine, ne peut être la représentation d'un principe, se divise nécessairement en une infinité de partis dont les antipathies politiques ou les prétentions ambitieuses entravent constamment la marche du Gouvernement et rendent surtout bien difficile la composition d'un ministère ; car ces partis, qui sont toujours d'accord pour attaquer et détruire, cessent bientôt de s'entendre lorsqu'il s'agit de reconstituer (1). Aussi, que d'obstacles à surmonter, que d'intérêts à concilier, que d'exigences à satisfaire, lorsqu'il faut en France organiser un nouveau Cabinet ! C'est alors que l'anxiété s'empare de tous les esprits, et que les affaires suspendues ne peuvent reprendre leur cours que lorsque cette crise alarmante est enfin terminée ; et certes, plus d'un Ministre pourrait avouer, s'il leur était permis de se rendre justice, que c'est principalement aux craintes qu'inspire toujours un enfantement aussi laborieux qu'ils ont dû la conservation de leurs portefeuilles.

Quant au Ministère, son existence sera toujours d'autant plus incertaine, sa position d'autant plus précaire que la Couronne aura rencontré plus d'obstacles pour parvenir à le constituer. La Chambre dans laquelle vous siégez, Messieurs,

---

(1) En Angleterre un membre de la Chambre haute ou de la Chambre des Communes étant toujours ou whig ou tory, le Ministère, produit du triomphe d'un principe, arrive au pouvoir avec une majorité certaine et positive. En France, la Chambre des Députés se divise en une infinité de partis, extrême droite, droite, centre droit, CENTRE, centre gauche et extrême gauche, dont les exigences rendent la majorité difficile à acquérir et bien plus difficile encore à conserver. Ces nuances d'opinions disparaîtraient si la Chambre élective découlait d'une source plus démocratique.

est partagée en presque autant de fractions qu'on y compte
d'orateurs pouvant par leurs talents aspirer à la direction des
affaires de l'Etat. Que la Couronne, après des efforts inouïs
et des concessions multipliées, parvienne enfin à rapprocher
ces principes de nature si diverse et à les faire entrer dans
une combinaison ministérielle, le moindre désaccord, la plus
petite mésintelligence, suffiront pour raviver les dissidences
d'opinions qui jadis les séparaient, et ces éléments hétérogènes
si péniblement réunis ne tarderont pas à se désagréger (1).

Vainement espérerait-on échapper à ces difficultés, et se
créer des moyens de gouvernement en composant un Ministère d'éléments tirés d'une seule des fractions dont se forme
votre ensemble; car, aucune de ces fractions ne possédant
dans son isolement la force numérique nécessaire pour dominer toutes les autres, ce Ministère, malgré son homogé-
néité, n'en serait pas moins, dès sa naissance, frappé d'im-
puissance et dans l'impossibilité d'agir. Qu'on interdise, dans
les circonstances actuelles, l'entrée du Palais-Bourbon aux
cent soixante-dix fonctionnaires dont l'indépendance, pre-
mier mérite de tout législateur, pourrait paraître douteuse,
puisqu'ils ne peuvent, sans encourir une destitution, s'écar-
ter de la ligne qui leur est tracée, et je défie à un Ministère,
quel qu'il soit, de pouvoir parvenir à se faire une majorité
compacte et durable.

Que le spectacle affligeant, qui se déroule sous vos yeux
au moment des élections, cesse donc de vous surprendre,
Messieurs. Les Ministres, pour conserver un concours sans lequel il leur serait impossible de gouverner, ne sont-ils pas

---

(1) Lorsque Georges III forma ce Ministère, si célèbre dans les
annales parlementaires de la Grande-Bretagne, et que l'histoire a
désigné, à cause de son hétérogénéité, sous le titre de Ministère
de la Coalition, l'interrègne ministériel dura depuis le 18 février
jusqu'au 2 avril 1783, et, le 18 décembre suivant, ce Ministère
monstrueux avait déjà cessé d'exister. Georges III avait été entraîné
dans cet écart des principes par une situation violente qui, excep-
tionnelle en Angleterre, est malheureusement chez nous habi-
tuelle et constante.

condamnés à chercher un appui dans cette classe si nombreuse de courtisans de nouvelle espèce, prétendus patriotes à passions étroites et égoïstes, qu'on a le tort d'estimer en raison de ce qu'ils coûtent, de supposer dévoués lorsqu'ils ne sont qu'intéressés, et qu'on avilit d'autant plus qu'on les gorge de places et qu'on les plaque de décorations? C'est en vain qu'on déplacerait les hommes qu'on accuse d'exciter et d'entretenir la hideuse corruption qui gangrène le corps électoral. Le mal, né d'une situation que chaque instant rend plus aggravante, n'en continuerait pas moins ses effroyables progrès!

Une semblable politique peut être praticable sans doute, nul n'oserait le contester; mais la prudence et la morale devraient se réunir pour la repousser, puisqu'elle offre le triple inconvénient d'être à la fois flétrissante, onéreuse et dangereuse. « Il y a de mauvais exemples qui sont pires que des « crimes, a dit Montesquieu, et plus d'états ont péri parce « qu'on a violé les mœurs que parce qu'on a violé les lois. »

Cette confusion et ce déplacement de tous les pouvoirs, ce renversement de tous les principes, cette violation de toute morale, ce mépris de toute dignité doivent jeter le trouble et la perturbation dans l'ordre social, et c'est à vous, Messieurs les Députés, qu'est imposée l'obligation de prévenir les dangers dont nous le croyons menacé.

S'il est vrai, comme j'ai essayé de le démontrer, que la liberté ne peut exister et se maintenir que par la pondération des pouvoirs;

S'il est encore vrai qu'on redoute d'abaisser le cens électoral, dans la crainte de donner trop de prépondérance à l'élément populaire, il faut reconstituer la Pairie sur une base qui lui assure plus de force et de consistance; lui rendre l'hérédité dont on l'a si impolitiquement privée dans un moment d'entraînement et d'effervescence que le temps a calmés : car l'expérience a dû vous éclairer et vous prouver qu'en substituant à la Pairie héréditaire une Pairie composée d'hommes nommés par la Couronne, vous avez déconsidéré et affaibli l'élément aristocratique, et ajouté à l'influence déjà si étendue du pouvoir exécutif, et j'ose affirmer que telle n'était pas votre intention.

Craindriez-vous, Messieurs, en rétablissant l'hérédité de la Pairie, de donner un démenti à vos propres actes, et de vous faire considérer comme les fauteurs et les restaurateurs de priviléges que les événements dont nous avons été témoins ont pour toujours détruits? Quelque partisan que nous soyons de l'égalité, vous nous verrez cependant toujours disposé à reconnaître qu'un privilége cesse d'en avoir le caractère lorsqu'il est favorable à la liberté, et profitable à tous les intérêts. Consultez d'ailleurs l'opinion, et elle vous répondra que la Pairie était, avant 1830, plus populaire qu'elle ne l'est aujourd'hui : que le pays n'a point oublié que, dans plus d'une circonstance, la Chambre héréditaire s'est montrée beaucoup plus libérale que la Chambre élective, et que la confiance qu'elle inspirait n'a été ébranlée que le jour où la Couronne, abusant du droit que lui conférait la Charte, a introduit dans son sein des membres sur la docilité desquels elle croyait pouvoir compter pour assurer le succès de ses coupables et insensés projets.

Déterminé par ces puissantes considérations, je me résume, Messieurs, par les propositions suivantes :

1° Que la Pairie soit rendue héréditaire, et le nombre des Pairs fixé et déterminé ;

2° Que tout Français âgé de vingt-cinq ans, et payant vingt francs de contributions, soit électeur ;

3° Qu'il y ait deux degrés d'élections, et que les électeurs appelés à nommer les Députés soient réunis aux chefs-lieux de département ;

4° Que tout Français, âgé de trente ans, puisse être Député ;

5° Que les électeurs seuls soient désormais admis à faire partie de la garde nationale.

Un exposé succinct des principaux motifs qui me paraissent militer en faveur de ces diverses propositions, vous mettra à même de les apprécier et de reconnaître si vous devez les prendre en considération ou les reléguer parmi ces séduisantes mais impraticables théories, produit d'inexpériences inoffensives, d'imaginations malades ou *de passions aveugles et ennemies.*

Je crois avoir suffisamment démontré qu'aussi longtemps que la Pairie émanera du pouvoir, notre combinaison politique restera vicieuse et incomplète, et que la liberté, constamment menacée, périra tôt ou tard par l'absence d'un élément pondérateur (1).

En fixant et déterminant le nombre des Pairs, vous préviendrez le retour de ces *fournées* aussi scandaleuses qu'impolitiques auxquelles un gouvernement pourrait avoir recours pour se recréer une majorité qu'il aurait perdue.

Quiconque a vécu parmi les habitants de la campagne a dû se convaincre que par caractère, par éducation, par position, le contribuable qui possède quelques morceaux de terre, une modeste habitation, est tout aussi conservateur et beaucoup plus indépendant que l'électeur payant 200 ou 300 francs de contributions. Par la raison qu'il ne peut prétendre à rien, ni pour lui ni pour les siens, son cœur n'est jamais ouvert à cette cruelle ambition qui dévore, pervertit, et égare les classes qui occupent une région plus élevée. Il ne demande et à Dieu et aux hommes que trois choses : santé, travail, tranquillité ; et lorsqu'il les possède, il est heureux, plus heureux..... que ceux qui le gouvernent. Il n'aura donc, dans l'exercice des droits que vous lui conférerez, qu'un désir et qu'un but, le bonheur et la prospérité de son pays.

En maintenant le cens électoral à vingt francs, vous contribuerez puissamment à moraliser les classes inférieures de la société. A une époque où toutes les carrières sont ouvertes à qui veut les parcourir : où toutes les industries sont encouragées et protégées, l'homme le moins favorisé de la nature pourra cependant parvenir à devenir électeur ; une louable et utile émulation s'emparera de tous les cœurs :

---

(1) « Mon cœur gémit quand je vois régner deux autorités rivales « en force. Combien la confusion est prompte à s'introduire par « la route qui les divise ! »

(Coriolan, acte 3e.)

quiconque sera privé de droits politiques se verra frappé d'un signe de réprobation, justement accusé d'inconduite ou de fainéantise, et c'est alors qu'il vous sera permis de répondre à celui qui se plaindrait de ne pas être compris dans la grande famille électorale : Travaillez, économisez (1).

L'Électeur, qui si fréquemment aujourd'hui fait un honteux trafic des priviléges que la loi lui a attribués dans l'intérêt de tous, est un prévaricateur qui se déshonore sans doute, mais qui, quoique flétri par l'opinion, n'en conserve pas moins le droit de prévariquer de nouveau et de se déshonorer encore : dans l'élection à deux degrés, l'Électeur choisi pour nommer les députés deviendra un mandataire commutable et responsable. Il recevra de ses concitoyens une preuve d'estime et de confiance qu'il se montrera jaloux de justifier et de toujours mériter.

En réunissant les Électeurs aux chefs-lieux de département, vous préviendrez toutes ces influences locales dont le Pouvoir lui-même ressent les pernicieux effets. Depuis que les élections se font aux chefs-lieux d'arrondissement, les Députés sont moins envisagés comme les représentants de la France entière que considérés comme les bienfaiteurs et les protecteurs de la contrée qui les a élus. Aussi c'est par leur entremise que s'obtiennent et se distribuent toutes les places, toutes les grâces et toutes les faveurs ; et lorsqu'un conflit vient à s'élever entre un Ministre et un Député sur les droits et le mérite des nombreux aspirants, le Ministre est alors condamné à faire le sacrifice de sa prérogative, et il doit toujours en être nécessairement ainsi : car si le Député

---

(1) Que le Gouvernement s'occupe de l'amélioration du sort de la classe ouvrière. Que, dans les communes rurales, au lieu de distribuer des secours en argent aux indigents valides, on mette à leur disposition des terrains qui leur seraient concédés annuellement et gratuitement : que, dans les villes manufacturières, on procure aux ouvriers qui se recommanderaient par leur intelligence et leur moralité les moyens de devenir des chefs d'ateliers, et, dans quelques années, sans agitation, sans bruit, sans perturbation, nous arriverons à un suffrage presque universel.

dépend de l'Électeur, le Ministre, lui, dépend du Député ; et, par la raison bien connue qu'un portefeuille de Ministre a plus de valeur qu'un mandat de Député, n'est-ce pas au Ministre à faire toutes les concessions ? Mais tout s'arrange pour le mieux dans le meilleur des mondes possibles : le Député caresse et oblige l'Électeur, le Ministre complait au Député, et nous pauvres et honnêtes contribuables, qui assistons à cette triste comédie :

> Pour notre argent nous sifflons les acteurs.
>
> (J.-B. ROUSSEAU.)

La responsabilité qui pèsera sur les Électeurs issus d'une première élection : le double intérêt qu'ils auront, et comme citoyens et comme mandataires, à n'élever à la députation que des hommes d'un mérite et d'une intégrité connus et éprouvés, vous permettront de supprimer le cens d'éligibilité. En accordant à tout Français le droit de s'élancer dans la carrière législative, vous mettrez un terme à ces blessantes exclusions qui pourraient rendre hostile à nos institutions cette noble et brillante aristocratie qui, malgré ses talents, ses vertus, ses lumières, son patriotisme, ne peut cependant pas toujours parvenir à la fortune.

Quant à la garde nationale, n'est-ce pas pour veiller à la conservation de nos droits politiques qu'elle a été instituée ? N'y aurait-il pas dès lors contradiction, inconséquence, dangers, injustice, et même dérision, à confier la défense de ces droits à ceux qui en seraient privés ? Chacun d'eux ne pourrait-il pas dire comme l'âne de la fable :

> .... *Quid refert meâ,*
> ..... *Clitellas dùm portem meas ?*
>
> (PHÈDRE.)

Le roi, qui n'a accepté la couronne que pour se sacrifier au bonheur de tous les Français ; ses ministres, qui, peut-être, n'ont convoité le pouvoir que pour s'associer à son généreux dévouement, forcés de reconnaître que le volcan révolutionnaire ne cessera de fermenter et de s'agiter que lorsque le Gouvernement s'appuiera sur la grande majorité des citoyens,

s'empresseront sans doute de donner leur adhésion à des ré-
formes que les progrès de la civilisation et la division des
propriétés ont rendues indispensables (1). Quant à *l'hono-
rable monsieur Guizot,* s'il se refusait à accueillir des propositions dont l'adoption ne serait que la réalisation des principes qu'il a professés jadis avec une éloquence si admirable,
défendus avec une *persévérance si louable,* il vous suffirait,
pour vaincre sa résistance, de lui opposer cet axiôme politique que j'extrais textuellement de ses *Essais sur l'histoire de
France :* « Dans l'état social, la liberté, c'est la participation
« au pouvoir. Là où la liberté n'est point un droit, et le droit
« un pouvoir, il n'y a ni droit, ni liberté. »

Je suis, avec la considération qui vous est due,

Messieurs les Députés,

votre très-humble et très-obéissant serviteur,

Aimé-Berthe **POMMERY**,

Maire de Cus (Oise).

20 Février 1848.

---

(1) Un roi est toujours tenu d'exécuter les lois confiées à son
administration : c'est le devoir pur et simple que lui impose son
rang ; mais si, en quelque temps que ce soit, ses sujets exigent de
lui de nouvelles libertés, il est tenu de leur donner l'espèce de
gouvernement que l'état de la nation et les lumières du siècle
peuvent demander. Le vœu général de la société constitue la meil-
leure base de tout gouvernement durable.

(Lord John Russel, *Essai historique sur la constitution et le
gouvernement anglais.*)